Benjamin INBO KOU

LE CHRETIEN ETL'AUTORITE SECULIERE

Benjamin INBO KOU

LE CHRETIEN ETL'AUTORITE SECULIERE

Éditions Croix du Salut

Imprint
Any brand names and product names mentioned in this book are subject to trademark, brand or patent protection and are trademarks or registered trademarks of their respective holders. The use of brand names, product names, common names, trade names, product descriptions etc. even without a particular marking in this work is in no way to be construed to mean that such names may be regarded as unrestricted in respect of trademark and brand protection legislation and could thus be used by anyone.

Cover image: www.ingimage.com

Publisher:
Éditions Croix du Salut
is a trademark of
Dodo Books Indian Ocean Ltd. and OmniScriptum S.R.L publishing group

120 High Road, East Finchley, London, N2 9ED, United Kingdom
Str. Armeneasca 28/1, office 1, Chisinau MD-2012, Republic of Moldova, Europe
Managing Directors: Ieva Konstantinova, Victoria Ursu
info@omniscriptum.com

Printed at: see last page
ISBN: 978-620-6-16908-6

TABLE DES MATIERES

INTRODUCTION - 3

L'IMPORTANCE DE L'ATTITUDE DE SOUMISSION - 5

LA SOUVERAINETE DE DIEU ET NOTRE HUMILITE - 9

LE MONDE BIBLIQUE ET LE REJET DE L'AUTORITE - 11

  La contestation de Marie et Aaron (Nombre 12 : 1- 2)

  La révolte de Koré (Nombre 16:1-40)

LES ABUS DU POUVOIR - 15

L'ORGUEIL DES AUTORITES - 17

LA SOURCE DU RESSENTIMENT - 24

LES CHRETIENS ET L'AUTORITE - 26

LES LIMITES DE LA SOUMISSION - 29

L'ATTITUDE DE JESUS CHRIST FACE A L'AUTORITE - 33

LE RÔLE DES PROPHETES - 36

CONCLUSION - 38

BIBLIOGRAPHIE - 41

INTRODUCTION

Comment réagissons-nous lorsque nous entendons le mot *autorité* ? Ressentons-nous une vague d'amertume à l'idée que quelqu'un soit au-dessus de nous ? Aspirons-nous nous- même à un poste d'autorité ? Malheureusement les annales de l'histoire humaine culminent entre ces deux extrêmes : la soif et l'abus de l'autorité, ou un sentiment de rébellion contre l'autorité. Ce qui est perceptiblement absent. Dans la vie courante, la soumission volontaire à l'autorité est une exception. Un bon gouvernement selon Dieu, gère bien les relations humaines, agit dans la justice et la crainte de Dieu comme le dit le roi Ezékias *« O Eternel ! Souviens-toi que j'ai marché devant ta face avec fidélité et intégrité de cœur, et que j'ai fait ce qui est bien à tes yeux ! »* (Esaie 38 : 3a). Mais trop souvent les gouvernements gèrent mal et on peut observer des failles dans les relations humaines par rapport au pouvoir.

L'attitude de la plupart des gens envers l'autorité résulte d'un mélange d'une vie d'expériences personnelles, sociales, culturelles et religieuses. Il se peut que nous ayons appris à la maison, à l'école ou à l'Eglise à respecter ceux qui sont en charge. Mais il se peut aussi que nous ayons été influencés par des motifs divers, à la maison ou à l'extérieur, par une tendance à l'irrespect, voire de défi envers l'autorité. Le mauvais usage ou l'abus de pouvoir exercé contre nous peut avoir joué dans notre ressentiment ou notre méfiance de l'autorité. Notre culture est le moule qui a formé notre attitude envers l'autorité. Dans les pays développés comme les Etats-Unis et dans les autres nations de l'Europe, il est aisé de se faire remarquer en défiant l'autorité, d'être son propre chef et de faire sa propre volonté, tandis que dans beaucoup d'autres cultures, l'on considère de très mauvais goût la défiance délibérée des autorités établies et de se faire remarquer dans la société.

Mais quelle est au juste notre attitude *personnelle* envers l'autorité ? Comment l'avons-nous développée ? Notre attitude reflète-t-elle les extrêmes du monde, une envie à l'égard du pouvoir, ou le ressentiment et la rébellion envers l'autorité ? Notre attitude est-elle en harmonie ou en désaccord avec le point de vue de Dieu sur l'autorité, tel qu'Il l'a exposé dans les Ecritures ? Quel doit être notre attitude envers ceux qui détiennent l'autorité ? Pourquoi est-il si important pour les chrétiens d'être soumis ?

L'IMPORTANCE DE L'ATTITUDE DE SOUMISSION

Le mot **autorité** selon le dictionnaire français,est unnom commun, féminin qui signifie dans un premier temps : droit ou pouvoir de prendre des décisions, de commander ou de dominer. Par exemple : les parents exercent leur autorité sur leurs enfants ou dans un deuxième temps, le pouvoir de se faire obéir, respecter ou d'imposer la confiance (*il a de l'autorité sur ses employés*). Une autorité, peut être une personne ou un ouvrage qui servent de référence dans un domaine. On parle alors de pouvoir charismatique. Exemple : *consulter les grandes autorités en la matière*[1]

Dans l'Ancien Testament, il est question du respect des autorités et de Dieu : « *Tu ne maudiras point Dieu, et tu ne maudiras point le prince de ton peuple* » (Exode 22 : 28). Le prince, dans la Bible, les différents termes hébreux et grecs rendus par le mot prince contiennent tous l'idée de commandement et d'autorité. Le prince est un souverain ou un chef. Abraham (Genèse 23:6), Salomon (1 Rois 11:34), ses courtisans (1 Rois 4:2), les chefs des 12 tribus (Nombre 1:16,44; 31:13), les dignitaires et officiers égyptiens (Genèse 12:15; 45:8 ; Esaïe 19:13), des gouverneurs, ministres et administrateurs (Daniel 6:2-3 ; Esaïe 1:14), les généraux des armées assyriennes (2 Chroniques 33:11) et babyloniennes (Jérémie 39:3) sont appelés des princes.

---

[1] Microsoft® Encarta® 2009. © 1993-2008 Microsoft Corporation. Tous droits réservés.

Le livre d'Ecclésiaste parle du roi « *Ne maudis pas le roi, même dans ta pensée, et ne maudis pas le riche dans la chambre où tu couches ; car l'oiseau du ciel emporterait ta voix, l'animal ailé publierait tes paroles* » (Ecclésiaste. 10 :20).

Le Roi est un souverain investi de l'autorité suprême, généralement à vie, et par droit de succession, souverain élu ou héréditaire (d'un État monarchique). Les devoirs d'obéir aux dieux, pratiquer la vertu, défendre la justice, châtier les coupables, incombaient aux souverains.

David appelait le roi Saül, « *l'oint de l'Eternel* » (1 Samuel 24 :3-7). Dieu livra Saül entre les mains de David. C'était une excellente occasion pour ce dernier, de mettre en pratique sa foi et sa patience. Il avait la promesse d'obtenir le royaume, mais il ne devait toutefois porter aucune atteinte à la vie du roi Saül. David se dissuada sérieusement, ainsi que ses hommes, de faire du mal au roi Saül.

Le péché est bibliquement incompatible avec l'autorité. C'est une chose envers laquelle nous devons rester vigilants, de façon à résister aux tentations. David ne voulait pas seulement s'interdire de commettre lui-même cette faute, mais il désirait que ses compagnons d'armes fassent de même. Il rendit ainsi le bien pour le mal, à celui qui le recherchait pour le tuer. Il fut ainsi un exemple pour les chrétiens : ils ne doivent pas en effet être vaincus par le mal, mais surmonter le mal par le bien !

« *L'oint de l'Eternel* » : Malgré les nombreuses tentatives de Saül de le tuer, David ne s'était jamais permis de le traiter comme un simple homme ni comme un simple monarque humain; il restait « *l'oint de l'Eternel* » qui assumait une fonction sacrée devant Dieu (cf. 1 Sam 24:2-16 ; 1 Sam 26:1-20). C'est le sens de la magnanimité, la grandeur d'âme.

Dans le Nouveau Testament, l'apôtre Paul reconnaît le respect dû aux autorités en citant Exode 22 : « *car il est écrit : Tu ne parleras pas mal du chef de ton peuple* » (Actes 23 : 5).

Les chrétiens ont été appelés pour un but qui dépasse l'imagination. Nous sommes en train d'être préparés pour gouverner, en tant que rois et sacrificateurs, avec Jésus-Christ lorsqu'Il reviendra (Luc 22:30 ; Apocalypse 1 :4-6 ; 5 :10). A ceux qui seront trouvés dignes d'un poste dans le gouvernement de Dieu, il leur sera donné l'opportunité d'exercer une *autorité*; sur les villes et les nations (Daniel 7 :27 ; Matthieu 19 :28 ; Luc 19 :17-19 ; Apocalypse 11 :15-18). Cependant, avant de nous voir offrir une telle autorité, *nous devons d'abord apprendre à être sous l'autorité*; respecter convenablement et travailler sans friction avec et sous l'autorité, quelle soit séculière ou ecclésiastique en suivant l'exemple de Jésus-Christ.

Quand il s'agit de payer l'impôt à César, Jésus disait : « *à César, ce qui est à César* ». Les personnes travaillant dans l'administration publique ont l'habitude de faire cette citation aux chrétiens : « à César, ce qui est à César », pour rappeler à ceux-ci de acquitter de leurs redevances à l'Etat et d'obéir à ses lois.

César appartient-il au Diable ou à Dieu ? A mon avis, César appartient à Dieu. L'impôt à César ici est plutôt un raquêtage des paisibles citoyens.

Le chrétien doit suivre l'exemple de Jésus qui s'est « *s'est humilié lui-même, se rendant obéissant jusqu'à la mort, même jusqu'à la mort de la croix. C'est pourquoi aussi Dieu l'a souverainement élevé* » (Philippiens 2 :8-9). Pour marcher sur les traces du Christ, nous avons besoin d'examiner notre attitude à la lumière des Ecritures (1 Corinthiens 11 :27-32) et d'amener « toute pensée captive à l'obéissance de Christ » (2 Corinthiens10 :5). Nous devons identifier et éliminer les attitudes du monde envers l'autorité et développer à sa place l'Esprit de Jésus-Christ. Dieu est en train de tester ceux qu'Il appelle maintenant, pour voir quelle sera leur attitude envers l'autorité dans différentes situations. Développer une approche selon Dieu, envers l'autorité, représente un but important dans notre vie chrétienne.

LA SOUVERAINETE DE DIEU ET NOTRE HUMILITE

Parfois nous oublions que la seigneurie de Dieu s'étend au-dessus de tout. Un roi païen, comme *Nebucadnetsar*, est dépeint par le prophète Jérémie comme un serviteur de Dieu « *Et tu diras aux Juifs : Ainsi parle l'Eternel des armées, le Dieu d'Israël : Voici, j'enverrai chercher Nebucadnetsar, roi de Babylone, mon serviteur, et je placerai son trône sur ces pierres que j'ai cachées, et il étendra son tapis sur elles.* » (Jérémie 43 :10).

Notons que le roi de Babylone est un tyran ordinaire ayant des vues expansionnistes. Cependant et sans le savoir, il est le serviteur de Dieu dans le sens qu'il est son instrument de jugement. Dieu est donc, non seulement le maître de *Nebucadnetsar* mais aussi de ses dieux.

Le prophète Esaïe appelle Cyrus, roi de Perse, l'oint de Dieu : « *Je dis de Cyrus : Il est mon berger, Et il accomplira toute ma volonté ; Il dira de Jérusalem : Qu'elle soit rebâtie ! Et du temple : Qu'il soit fondé !*
Ainsi parle l'Eternel à son oint, à Cyrus, Qu'il tient par la main, Pour terrasser les nations devant lui, Et pour relâcher la ceinture des rois, Pour lui ouvrir les portes, Afin qu'elles ne soient plus fermées » ; (Esaïe 44 :28 et 45 :1).

Cette prédiction nominative, plus d'un siècle avant qu'elle ne se réalise, n'a sa pareille dans les Écritures que pour un roi israélite

(Josias ; 1 Rois 13:2). C'est aussi la seule fois où Dieu appelle un conquérant païen mon berger. Une fois que les premières victoires de Cyrus furent connues des Juifs en exil, ils surent que l'heure de leur libération venait de sonner.

Et en effet, dès qu'il eut conquis Babylone, un des premiers décrets de Cyrus fut d'autoriser les Israélites de retourner chez eux en Palestine afin de reconstruire le temple en 538 avant Jésus Christ (Esdras 1:1-2; 6:3).

Quand on est dans le pétrin, Dieu nous demande de lui faire confiance. Lui seul a tout pouvoir sur les hommes, les choses et la nature. Ses décisions sont sans appel et irréversibles.

Dieu est autant le seigneur de tous ces souverains, que des systèmes religieux et politiques qu'ils représentent. Si nous partageons l'optique des prophètes, nous ne considérerons pas comme totalement mauvais et irrécupérable tout ce qu'englobent les autres conceptions et croyances du monde. Dieu peut les faire concourir à ses propres plans, et il ne manque pas de le faire. Dans notre arrogance, nous classons parfois les choses en deux groupes bien distincts : les bonnes et les mauvaises, et nous oublions que Dieu châtie son peuple à travers des gouvernements, bon ou mauvais.

.

LE MONDE BIBLIQUE ET LE REJET DE L'AUTORITE

Tout d'abord, le rejet de l'autorité divine est à la base du péché. Lorsque Satan a proposé à Eve d'être « *comme des dieux* » (Gn 3 :5), il a implicitement rejeté le principe d'une soumission à une autorité quelconque, puisque Adam et Eve allaient tous deux devenir l'autorité suprême. Or, une société composée d'êtres qui veulent tous être des dieux ou des califes à la place du calife est vouée à la destruction. Si chacun veut dominer l'autre et si aucun n'accepte d'être soumis à autrui, la communauté vole en éclats. La vie en société nécessite des relations harmonieuses faites de direction respectueuse et d'humilité.

Deux exemples tirés du livre de Nombre nous éclairent sur ce sujet. Il s'agit de la contestation de Marie et Aaron et la révolte de Koré contre Moïse.

La contestation de Marie et Aaron (Nombre 12 : 1- 2)

Le chapitre suivant raconte un épisode triste de l'histoire d'Israël qui concerne deux responsables du peuple, Marie et Aaron. Bien que sœur et frère de Moïse, ils lui reprochèrent d'avoir épousé une femme éthiopienne. Du moins, c'était leur prétexte. La vraie raison, semble-t-il, apparaît au verset 2 : jaloux, ils ne pouvaient accepter la direction de Moïse, ils voulaient la partager. À cette époque, il n'y avait pas de loi contre le mariage avec un(e) Éthiopien (ne) même s'il était interdit aux Israélites de se marier avec une étrangère lors de leur arrivée dans le pays de Canan.

La révolte de Koré   (Nombre 16:1-40)

Koré, selon le Nouveau Dictionnaire Biblique, était un lévite de la famille de Kehath. En tant que Kehathite, il était déjà chargé de tâches d'une certaine importance dans le tabernacle (No 4:1-20). Il aspirait cependant à la fonction de sacrificateur (V 10). Soutenu par certains membres de la descendance de Ruben et d'autres chefs d'Israël, s'opposa à l'autorité d'Aaron et des sacrificateurs. Leur argument contre Moïse et Aaron était que, s'arrogeant le droit et la responsabilité exclusive de représenter le peuple devant Dieu, ces derniers avaient exagéré. Leur argumentation se fondait sur une promesse de sainteté de toute l'assemblée et de présence de l'Eternel au milieu d'elle « *Ils s'assemblèrent contre Moïse et Aaron, et leur dirent : C'en est assez ! Car toute l'assemblée, tous sont saints, et l'Eternel est au milieu d'eux. Pourquoi vous élevez-vous au-dessus de l'assemblée de l'Eternel ?* » (No 16:3). Dieu s'occupa de ces rebelles (No 16:4-40) et confirma son choix d'Aaron (No 16:41-17:13). Puis il réaffirma les devoirs et droits des sacrificateurs et des Lévites (No 18:1-32).

Il y a beaucoup d'autres exemples dans l'Ancien Testament.

Tout homme excepté Adam – a donc été placé dans une situation de soumission par rapport à un autre homme une fois dans sa vie. Avant d'enseigner, l'homme doit écouter ; avant de commander, il doit apprendre à obéir. Ce cadre naturel d'obéissance est idéal pour apprendre à vivre dans l'obéissance à Dieu. C'est pourquoi le cinquième commandement se contente de mentionner le respect des parents, bien que la portée du commandement soit beaucoup plus vaste et suivie d'une bénédiction[2]. La plus haute obéissance terrestre entraine toutes les autres. Notons que la soumission n'est pas synonyme de passivité ni de léthargie, et l'autorité n'est ni brimade ni oppression.

Quelles sont au juste les différentes attitudes inacceptables et punies par Dieu ? La Bible en donne plusieurs exemples desquels nous allons citer deux (Adam et Eve dans le jardin d'Eden et Moïse comme leader des Israélites) :

➤ Adam et Eve furent expulsés du Jardin d'Eden parce qu'ils ne prirent pas au sérieux l'autorité de Dieu. Ils mangèrent le fruit de l'arbre que Dieu leur avait défendu (Genèse 3 :1-6).

➤ Les Israélites savaient que Dieu avait donné à Moïse pouvoir et autorité pour les délivrer de l'Egypte ; néanmoins ils murmurèrent, se plaignirent et se rebellèrent contre Son leadership en de nombreuses occasions et amenant ainsi le châtiment sur eux-mêmes : *«Et toute l'assemblée des enfants d'Israël murmura dans le désert contre Moïse et Aaron »* (Exode 16 :2) ;

---

[2] Si la génération des enfants obéit, la bénédiction est pour toute la génération. Cette obéissance cependant est seulement possible pour les enfants qui aiment Dieu, et que les parents n'irritent pas an exigeant cela d'une manière inhumaine, abus de pouvoir (**Stéfanie Paucke**).

« *Toute l'assemblée éleva la voix et poussa des cris, et le peuple pleura pendant la nuit. Tous les enfants d'Israël murmurèrent contre Moïse et Aaron, et toute l'assemblée leur dit : Que ne sommes-nous morts dans le pays d'Egypte, ou que ne sommes-nous morts dans ce désert ! Pourquoi l'Eternel nous fait-il aller dans ce pays, où nous tomberons par l'épée, où nos femmes et nos petits enfants deviendront une proie ? Ne vaut-il pas mieux pour nous retourner en Egypte ? Et ils se dirent l'un à l'autre : Nommons un chef, et retournons en Egypte…* » (Nombres 14 :1-4, 9, 26-34). Au point que deux cent cinquante hommes importants d'Israël défièrent ouvertement l'autorité de Moïse, en revendiquant que « *toute l'assemblée, tous sont saints [...] Pourquoi vous élevez-vous au-dessus de l'assemblée de l'Eternel ?* » (Nombres 16 :1-3). Même le frère et la sœur de Moïse (Marie et Aaron) s'offusquèrent de l'autorité dont Dieu avait investi Moïse (Nombres 12).

Cependant Dieu a soutenu cette autorité dans chaque situation. Comme nous pouvons le constater dans ces récits, il arrive parfois à ceux qui côtoient l'autorité de considérer comme allant de soi la personne que Dieu a placée à ce poste ; ce faisant, ils commettent une grave erreur.

LES ABUS DU POUVOIR

L'homme pécheur tend naturellement à abuser de son pouvoir. Voulant être « comme dieu[3] », bien que n'étant qu'une créature, il est régulièrement tenté d'aller au-delà de la place que le créateur lui a assignée. Les leaders peuvent également se laisser emporter par leur position et abuser de leur autorité.

C'est pourquoi le prophète Samuel avertit le peuple hébreu, qui désire avoir un roi comme les autres nations en ces termes : « *Voici quel sera le droit du roi qui régnera sur vous. Il prendra vos fils, et il les mettra sur ses chars et parmi ses cavaliers, afin qu'ils courent devant son char ; il s'en fera des chefs de mille et des chefs de cinquante, et il les emploiera à labourer ses terres, à récolter ses moissons, à fabriquer ses armes de guerre et l'attirail de ses chars. Il prendra vos filles, pour en faire des parfumeuses, des cuisinières et des boulangères. Il prendra la meilleure partie de vos champs, de vos vignes et de vos oliviers, et la donnera à ses serviteurs. Il prendra la dîme du produit de vos semences et de vos vignes, et la donnera à ses serviteurs. Il prendra vos serviteurs et vos servantes, vos meilleurs bœufs et vos ânes, et s'en servira pour ses travaux. Il prendra la dîme de vos troupeaux, et vous-mêmes serez ses esclaves. Et alors vous crierez contre votre roi que vous vous serez choisi, mais l'Eternel ne vous exaucera point* » (1 Samuel 8 :11-18).

---

[3] Genèse 1 : 5

Saül, qui avait été choisi par Dieu pour être le premier roi d'Israël, dirigea avec patience les sujets rebelles (1 Samuel 10 :25-27). Cependant, plus tard il devint impatient et se sentit obligé d'offrir un sacrifice, que seuls les sacrificateurs pouvaient faire et ignorant ainsi les commandements de Dieu (1 Samuel 13). Il prit un pouvoir qui ne lui appartenait pas. Saül céda ainsi aux suggestions de ses sujets, au lieu de suivre les instructions que Dieu avait données à Samuel, il prend l'autorité de Dieu à la légère (1 Samuel 15). Ces actes irréfléchis et présomptueux lui coûtèrent son trône.

L'ORGUEIL DES AUTORITES

Dans l'Ancien Testament, le roi Belschatsar, connu une fin tragique car il ne donna pas gloire à Dieu. « *Mais quand son cœur (celui de Nebucadnetsar) s'éleva et que son esprit s'endurcit jusqu'à l'orgueil, il fut précipité du trône de son royaume, et sa dignité lui fut ôtée ; et il fut chassé du milieu des fils des hommes … Et toi, son fils Belshatsar, tu n'as pas humilié ton cœur, bien que tu aies su tout cela. Mais tu t'es élevé contre le Seigneur des cieux.* » (Lire Daniel 5).

Nebucadnetsar, le père (ou grand-père) de Belshatsar, en monarque absolu, avait utilisé sa puissance pour faire de Babylone celèbre dont les jardins suspendus étaient l'une des sept merveilles du monde antique. Dieu l'avertit par le moyen d'un songe très précis d'abandonner son orgueil.

Un an plus tard, le roi a oublié la leçon : il contemple cette ville, symbole de sa réussite, et revendique pour lui-même le mérite de sa puissance. Aussitôt, il devient comme une bête et perd, en même temps que sa dignité d'homme, tous les attributs de sa royauté. C'est seulement au bout de sept ans qu'il reconnaît la souveraineté de l'Éternel, le Tout-Puissant, et retrouve son intelligence ainsi que toutes ses prérogatives.

Belshatsar, son fils (ou son petit-fils), connaît cet épisode, mais il n'en tient pas compte. Au contraire, alors qu'il est assiégé par les

Mèdes, il fait une démonstration de sa puissance pour éblouir les grands personnages de l'État auxquels il offre un festin somptueux. Par bravade, il fait apporter les vases sacrés que son père avait pillés dans le temple de Jérusalem, et les utilise pour cette beuverie collective.

Soudain, une main écrit quatre mots sur le mur. Daniel les interprète et apprend au roi que son royaume passera dans d'autres mains. Il ne s'est pas repenti sur le champ et la même nuit, les Mèdes s'emparent de la ville et Belshatsar est tué.

Ces deux monarques ne connaissaient pas la loi de l'Éternel, c'est pourquoi Dieu les a avertis de ce qui les attendait, l'un par un songe, l'autre par l'exemple de son père. Nous qui disposons de toute la Bible, nous sommes aussi avertis que « *l'Éternel garde les fidèles, et il punit sévèrement celui qui agit avec orgueil* » (Ps 31:23).
D'autres formes d'orgueil nous guettent ; que la crainte de nous enorgueillir ne nous dissuade pourtant pas de travailler pour le Seigneur ! Donnons-lui la pleine gloire de tout ce qu'il nous accorde de faire pour lui.

Dans le Nouveau Testament, le roi Hérode en a payé également le prix.

Hérode qui a fait décapiter Jean-Baptiste (Mat.14 :1-12), a fait aussi périr Jacques, l'apôtre (Actes 12 :2). Dieu a laissé faire ! Maintenant, ce méchant roi veut faire mourir aussi Pierre, simplement pour gagner la faveur des Juifs, pour les flatter. Dieu montre sa puissance et délivre son apôtre la nuit précédant son jugement et son exécution.

Plus tard, Hérode est en visite chez les Tyriens et les Sidoniens, et comme leurs villes dépendent de lui pour leur approvisionnement, ils ne veulent pas se fâcher avec lui. Ils cherchent donc la paix.

Pour la conclure, ils y mettent le prix, font la fête à Hérode qui, revêtu de ses habits royaux et assis sur un podium, harangue la foule. La flatterie est payante entre hommes ; les Tyriens et les Sidoniens le savent et en usent.

*«A un jour fixé, **Hérode**, revêtu de ses habits royaux, et assis sur son trône, les harangua publiquement. Le peuple s'écria : <u>Voix d'un dieu, et non d'un homme</u> ! Au même instant, un ange du Seigneur le frappa, parce qu'il n'avait pas donné gloire à Dieu. Et il expira, rongé des vers »* (Actes 12 :21-23).

Hérode tombe dans le piège. Il reçoit sans sourciller cette flatterie, ne donne pas gloire à Dieu, mais accepte d'être traité lui-même comme un dieu. Dieu ne supporte pas cela, et à l'instant même frappe Hérode d'une maladie interne : des vers le rongent. L'histoire profane rapporte qu'il mourut peu de temps après dans de très grandes souffrances.

La chair en nous est sensible à la flatterie ; soyons-en bien conscients, et restons sur nos gardes. Un homme de Dieu, Élihu, disait à Job : « *Je ne ferai pas acception de personnes, et je ne flatterai aucun homme ; car je ne sais pas flatter : celui qui m'a fait m'emporterait bientôt* » (Job 32:21,22). Il savait sans doute que la flatterie est un mensonge qui pousse celui qui l'écoute vers l'orgueil, le péché du diable. Un flatteur place une occasion de chute devant son prochain, fait ainsi l'œuvre du diable, devient son complice.

Paul écrit : « *Jamais nous n'avons eu de parole de flatterie (vous le savez bien) ... Dieu en est témoin* » (1Th 2. 5). Soyons ses imitateurs dans ce domaine aussi !

Sur le plan familial, les maris règnent souvent en tyrans et despotes. Ainsi, les ministres du temps d'Assuérus suggèrent au roi perse de répudier **la reine Vasthi** qui a osé le défier, afin de décourager toute femme dans le royaume à désobéir à son mari (Esther 1 :19-20).
Parfois, les rois ont essayé de contrôler tous les domaines de la société. Le pouvoir politique ne leur suffisait pas, mais ils voulaient aussi briguer les pouvoirs judiciaire et religieux.

L'égoïsme caractérise les chefs « *du monde* ». La générosité apparente du roi Assuérus qui invite tous les dignitaires de son royaume à des festivités étendues sur 180 jours n'est qu'un étalage de faste et de prétention (Est 1 :3-8). Les habitants de la capitale, conviés eux aussi aux réjouissances pendant une semaine, ont-ils réalisé que le roi ne cherchait qu'à gagner l'admiration de tous ? Les naïfs seuls ignorent-ils que les frais des festivités « *royales* » sont couverts par les impôts versés par le peuple.

La crainte de perdre le pouvoir hante souvent les dirigeants. Ils tolèrent mal la critique, et sont prompts à réduire au silence les contestataires. La reine **Vasthi** en a fait l'expérience à ses frais. Parfois, même ceux qui ne critiquent pas le roi, mais deviennent plus populaires que lui, sont pris en grippe.

Saül a considéré David d'un mauvais œil quand les femmes du peuple se son écriées : « Saül a tué ses mille, et David ses dix mille » (1 Samuel 18 :7). Dès cet instant, le premier roi d'Israël a tout fait pour tuer son rival potentiel, bien que celui-ci le serve fidèlement et n'ait aucun désir de lui ravir son trône.

Saül a engagé plusieurs fois son armée à la poursuite de David, parfois en négligeant même les menaces que les Philistins faisaient peser sur son royaume. Saisi d'une jalousie profonde, Saül a perdu tout discernement politique, négligeant les vrais adversaires en poursuivant un innocent.

Sur le plan ecclésiastique, **Arnold Daniel**[4] *dit : « qu'il n'est pas rare de voir **en Afrique** les jeunes pasteurs mieux éduqués que leurs aînés être envoyés en brousse pour éviter que les nouveaux ne portent ombrage aux anciens »*. Au lieu de servir bien l'Eglise, ces derniers

---

4 Daniel Arnold ; Vivre l'Ethique de Dieu ; page 146

cherchent à sauvegarder leur prestige et leur influence. Jean-Baptiste est le modèle de l'homme qui n'a pas hésité un instant à s'effacer devant celui que Dieu avait choisi pour amener la rédemption du monde. Il dit de Jésus : « *Il faut qu'il croisse, et que je diminue* » (Jean 3 : 30).

Jésus, aussi, traita de la question de Son autorité. Après qu'Il eut chassé les changeurs du temple, les principaux sacrificateurs et les anciens du peuple Lui demandèrent : « *Par quelle autorité fais-tu ces choses, et qui t'a donné cette autorité ?* » (Matthieu 21 : 12-23). Ces leaders religieux ne voulaient pas reconnaître la source de l'autorité de Jésus malgré Ses miracles et les prophéties des Ecritures le concernant. Leur ressentiment et leur animosité pour l'autorité du Christ culminèrent avec la crucifixion du Sauveur de l'humanité.

L'apôtre Paul dut faire face aux attaques des membres des congrégations pour l'autorité que Dieu lui avait conférée (1 Corinthiens 9 :1-18).

L'apôtre Pierre déclare que l'un des indices qui désignent les faux enseignants est qu'ils sont présomptueux, et qu'ils *méprisent l'autorité* (2 Pierre 2 :9-10). Leur influence séduira d'autres croyants à suivre leurs voies dangereuses. Paul avertit que, dans les derniers jours, il y aura un renversement du respect envers l'autorité (2 Timothée 3 :1-5). Il se fait en somme l'écho du prophète Esaïe qui parla de l'époque où les enfants deviendraient des oppresseurs et les femmes voudraient usurper l'autorité des autres (maris) en allant contre les instructions de Dieu sur l'usage de l'autorité dans la société (Esaïe 3 :4, 12).

Il est évident que ces choses se passent réellement aujourd'hui ! Avec le renversement des valeurs dans la famille, les enfants sont livrés à eux-mêmes et ne sont plus instruits dans le respect de l'autorité. La « liberté » des femmes a sapé l'autorité des hommes pour diriger dans la maison. Les hommes ignorent trop souvent les commandements divins pour guider la famille et pourvoir à ses besoins. Les villes font face à un mépris grandissant des lois et de l'ordre. Par ambition personnelle, les politiciens sapent le respect dû aux élus qui détiennent un pouvoir officiel. Cette constante érosion de l'autorité et du respect de l'autorité poussent les gens à se désengager du pouvoir pour promouvoir une résistance ou rébellion largement répandue dans le monde.

De nos jours, presque chaque personne est sa propre autorité, convaincu que personne ne doit nous dire ce qu'il faut faire, et « *chacun veut se gouverner lui-même* » (Ibid). Cette même attitude prédomina durant l'une des nombreuses périodes chaotiques de l'histoire de l'ancien Israël à l'époque des Juges. La Bible rapporte : « *En ce temps-là, il n'y avait point de roi en Israël [une autorité centrale forte]. Chacun faisait ce qui lui semblait bon* » (Juges 21 :25). Une telle insouciance envers l'autorité ne pouvait pas marcher à cette époque-là, et elle ne fonctionne non pas mieux aujourd'hui !

LA SOURCE DU RESSENTIMENT

Pourquoi ces attitudes de ressentiment et de rébellion prévalent-elles ? D'où viennent-elles ? Pourquoi sommes-nous entraînés dans cette direction ? La Bible en révèle les raisons. Satan est décrit comme le dieu de ce monde : « *pour les incrédules dont le dieu de ce siècle a aveuglé l'intelligence, afin qu'ils ne vissent pas briller la splendeur de l'Evangile de la gloire de Christ, qui est l'image de Dieu* » (2 Corinthiens 4 :4), qui nous influence en projetant ses pensées et ses attitudes dans notre esprit (Ephésiens 2 :2). Il le fait d'une manière invisible, exactement comme les stations de radio ou de télévision, qui émettent par les airs. C'est la manipulation par excellence.

Notre défi, en tant que chrétiens, est d'examiner les pensées qui entrent dans notre esprit et d'écarter celles qui viennent de Satan « *Bien-aimés, n'ajoutez pas foi à tout esprit ; mais éprouvez les esprits, pour savoir s'ils sont de Dieu, car plusieurs faux prophètes sont venus dans le monde* » (1 Jean 4 :1).

L'attitude de Satan envers l'autorité est décrite ainsi : «*Je monterai au ciel, J'élèverai mon trône au-dessus des étoiles de Dieu ; Je m'assiérai sur la montagne de l'assemblée, A l'extrémité du septentrion ; Je monterai sur le sommet des nues, Je serai semblable au Très-Haut.* » (Esaïe 14 :13-14).

Cet esprit de présomption a conduit un tiers des anges à la rébellion contre Dieu (Apoc.12 :3-4).

Avec les indices fournis dans les Ecritures, il est relativement facile de regarder en arrière à travers les siècles de l'Histoire, et d'identifier les attitudes qui conduisirent un nombre considérable d'individus à la ruine. Satan a séduit le monde entier en lui faisant croire que, se rebeller contre l'autorité et spécialement l'autorité des Ecritures, les instructions du Dieu Tout-Puissant à l'humanité conduirait à la liberté et au bonheur. La malheureuse leçon de l'histoire que beaucoup de gens ont dû apprendre par la voie difficile, n'est rien d'autre qu'une tromperie satanique, un mensonge ! C'est pourquoi Dieu nous exhorte à sortir de ce monde et à laisser de côté les attitudes sataniques contre l'autorité (2 Corinthiens 6 :11-18).

LES CHRETIENS ET L'AUTORITE

Comment un chrétien devrait-il considérer l'autorité ? Comment une personne devrait-elle s'efforcer de développer l'Esprit du Christ par rapport aux Ecritures ? Comment l'autorité devrait-elle être exercée à la maison, dans l'Eglise et dans la société ? Quelle sorte d'attitude envers l'autorité, Dieu recherche-t-Il chez les futurs membres de Sa famille ? Allons voir ce que dit la Bible sur ces questions.

Dieu cherche des individus qui respectent l'autorité des Ecritures, et qui craignent de désobéir aux instructions du Dieu Tout-Puissant. David manifeste cette attitude quand il déclare : « *Combien j'aime ta loi [...] Tes commandements me rendent plus sage que mes ennemis [...] Ta parole est une lampe à mes pieds, et une lumière sur mon sentiers* » (Psaume 119 : 97, 98, 105). David respectait l'autorité de la parole de Dieu. Par cette attitude, il devint un homme selon le cœur de Dieu, et règnera sur la maison d'Israël dans le Royaume de Dieu. Devons-nous faire attention aux instructions divines, comme David ou devons-nous éprouver de l'amertume et leur résister ?

Matthieu relate une attitude envers l'autorité, dont le Christ même S'étonna. Quand le Christ offrit d'aller guérir le serviteur d'un centurion romain, le soldat répondit : « *Dis seulement un mot, et mon serviteur sera guéri. Car, moi qui suis soumis à des supérieurs, j'ai des soldats sous mes ordres ; et je dis à l'un : Va ! Et il va ; à l'autre : Viens ! Et il vient ; et à mon serviteur : Fais cela ! Et il le fait* »

(Matthieu 8 :8-9). Le centurion avait un profond respect de l'autorité ; en tant que soldat, il avait appris à travailler sans heurt sous l'autorité. Pour gouverner avec le Christ, nous devons apprendre à travailler sous Son autorité et sous ceux qu'Il place au-dessus de nous. Jésus montre aussi que ceux à qui Il donne autorité doivent apprendre à l'utiliser pour *servir les autres* et non pour se faire servir eux-mêmes (Matthieu 20 :26-28).

Dans l'Epitre de Paul aux romains, il annonce comme principe général que les chrétiens doivent être soumis aux autorités. Ils doivent payer l'impôt et honorer les magistrats chargés du maintien de l'ordre, car sans autorité respectée, un pays est livré à l'anarchie.

« Que toute personne soit soumise aux autorités supérieures ; car il n'y a point d'autorité qui ne vienne de Dieu, et les autorités qui existent ont été instituées de Dieu. C'est pourquoi celui qui s'oppose à l'autorité résiste à l'ordre que Dieu a établi, et ceux qui résistent attireront une condamnation sur eux-mêmes. Ce n'est pas pour une bonne action, c'est pour une mauvaise, que les magistrats sont à redouter. Veux-tu ne pas craindre l'autorité ? Fais-le bien, et tu auras son approbation. Le magistrat est serviteur de Dieu pour ton bien. Mais si tu fais le mal, crains ; car ce n'est pas en vain qu'il porte l'épée, étant serviteur de Dieu pour exercer la vengeance et punir celui qui fait le mal » (Rom. 13 : 1-4).

Pour Paul, le chrétien doit se concentrer sur l'essentiel. C'est le témoignage d'une vie consacrée à l'Eternel qui doit caractériser son comportement. Le chrétien ne doit pas être le gendarme du monde, mais sel et lumière. « *Que votre lumière luise ainsi devant les hommes, afin qu'ils voient vos bonnes œuvres, et qu'ils glorifient votre Père qui est dans les cieux[5]* ».

Esaïe décrit l'attitude que Dieu recherche chez les futurs membres de Sa famille en ce terme : « *Voici sur qui je porterai mes regards ; sur celui qui souffre [qui est humble, prêt à recevoir l'enseignement] et qui a l'esprit abattu [repentant, voulant changer, désirant faire mieux], sur celui qui craint ma parole* » (Esaïe 66 :2).

---

[5] Matthieu 5 :16

LES LIMITES DE LA SOUMISSION

La soumission à une autorité humaine n'est jamais absolue, car l'homme n'est pas Dieu. L'obéissance à Dieu est prioritaire et lorsqu'une autorité exige un comportement qui s'oppose à la justice divine, il est du devoir du fidèle de refuser l'ordre humain, fût-il donné par un roi ou un empereur. Il y a plusieurs exemples dans la Bible.

C'est ce que les sages-femmes égyptiennes ont fait : « *Mais les sages-femmes craignirent Dieu, et ne firent point ce que leur avait dit le roi d'Egypte ; elles laissèrent vivre les enfants[6]* ».

Daniel[7] et ses compagnons (Chadrak, Méchak et Abed-Nego) ont fait de même : « *Sinon, sache, ô roi, que nous ne servirons pas tes dieux, et que nous n'adorerons pas la statue d'or que tu as élevée* ».

Dans 2 Chroniques 26 : 17-18, il est dit ceci : « *Le sacrificateur Azaria entra après lui, avec quatre-vingts sacrificateurs de l'Eternel, hommes courageux, qui s'opposèrent au roi Ozias et lui dirent : Tu n'as pas le droit, Ozias, d'offrir des parfums à l'Eternel ! Ce droit appartient aux sacrificateurs, fils d'Aaron, qui ont été consacrés pour les offrir. Sors du sanctuaire, car tu commets un péché ! Et cela ne tournera pas à ton honneur devant l'Eternel Dieu* ».

---

[6]Exode 1:17
[7]Daniel 3:18

Les apôtres de Jésus ont dû faire face aussi aux autorités corrompues. Devant les menaces des membres du Sanhédrin[8], voici ce qu'ils répondirent : « *Pierre et Jean leur répondirent : Jugez s'il est juste, devant Dieu, de vous obéir plutôt qu'à Dieu ; car nous ne pouvons pas ne pas parler de ce que nous avons vu et entendu. Ils leur firent de nouvelles menaces, et les relâchèrent, ne sachant comment les punir, à cause du peuple, parce que tous glorifiaient Dieu de ce qui était arrivé* » (Actes 4 : 19-21).

Au souverain sacrificateur, Pierre et les apôtres répondirent : « *Il faut obéir à Dieu plutôt qu'aux hommes* » (Actes 5 :29).

Il y a aussi des grands hommes de Dieu qui ont su garder leurs distances par rapport aux affaires du monde.

- Elisée n'a ni repris Yoram, roi d'Israël, pour ses réformes partielles (2 Rois 3 : 2-3) ni exhorté Naaman le syrien à renvoyer les prisonniers hébreux (2 Rois 5 :2).
- Daniel n'a pas critiqué Nébucadnetsar, sinon lorsque le roi l'a contraint d'expliquer un songe qui lui annonçait le jugement de Dieu (Daniel 4 :24).
- Esther n'a pas critiqué Assuérus pour sa légèreté avec laquelle il avait autorisé son premier ministre Haman à signer le massacre des juifs (Esther 7 :3-6).

---

[8]***Sanhédrin*** *:* Cette institution formait le gouvernement national ainsi que le tribunal du peuple juif. Elle se composait de 71 membres, dont le souverain sacrificateur.

- L'apôtre Paul ne s'est pas opposé au principe de l'esclavage, mais il a renvoyé l'esclave fugitif vers son maitre Philémon, en l'exhortant à prendre soin de lui (Philémon 1 :8-21).
- Quand au Fils de Dieu, Il n'a pas critiqué les autorités civiles et religieuses. Il a refusé d'intervenir dans un différent concernant un héritage : « *Quelqu'un dit à Jésus, du milieu de la foule : Maître, dis à mon frère de partager avec moi notre héritage. Jésus lui répondit : O homme, qui m'a établi pour être votre juge, ou pour faire vos partages ?* » (Luc 12 :13-14).

Elisée, Daniel, Esther, Paul, et même Jésus n'ont pas voulu interférer avec les autorités séculières de leur époque certainement parce que Dieu a doté chaque être humain de ce que le Dr Martin Luther appelle le « libre arbitre[9] ». Le libre arbitre est cette volonté que Dieu a placée en l'homme pour choisir librement parmi les choses relevant de la raison. Mais l'Homme doit savoir qu'il est redevable à Dieu.

Jésus est l'exemple suprême à suivre dans le renoncement de soi. Alors qu'Il aurait pu demander à des légions d'anges d'intervenir pour le sauver[10], il a accepté de mourir sur la croix pour le salut du monde. C'est pourquoi l'apôtre Pierre nous dit que « *c'est une grâce que de supporter des afflictions par motif de conscience envers Dieu, quand on souffre injustement. En effet, quelle gloire y a-t-il à supporter de mauvais traitements pour avoir commis des fautes ? Mais si vous supportez la souffrance lorsque vous faites ce qui est bien, c'est une*

---

9 La Confession de Foi d'Augsbourg de 1530. Références des Eglises Luthériennes/ article XVIII. 10 Mt 26 :53

grâce devant Dieu. Et c'est à cela que vous avez été appelés, parce que Christ aussi a souffert pour vous, vous laissant un exemple, afin que vous suiviez ses traces » (1 Pierre 2 :19).

L'ATTITUDE DE JESUS CHRIST FACE A L'AUTORITE

Nous devons apprendre à imiter l'attitude de Jésus-Christ envers l'autorité, même dans des circonstances difficiles. En acceptant de mourir sur la croix, pour payer l'amende des péchés de l'humanité, Jésus déclara à Son Père : « *Toutefois, non pas ce que je veux, mais ce que tu veux* » (Matthieu 26 :39). Jésus n'a pas cherché à «*faire Sa propre volonté* » (voir Jean 5 :30 ; 6 :38). Si nous voulons vraiment être Ses disciples et régner avec Lui dans le Royaume de Dieu, nous devons être disposés à nous priver de certaines choses et à suivre Son exemple en acceptant l'autorité de Ses enseignements (Matthieu 16 :24-26). Dieu travailla avec Abraham pendant cent ans, développant et affinant l'attitude de celui-ci envers l'autorité. Dieu choisit d'utiliser Abraham parce qu'Il savait qu'Abraham ordonnerait « *à ses fils et à sa maison [...] de garder la voie de l'Eternel, en pratiquant la droiture [obéir aux commandements* (Psaume 119 :172) *et la justice* » (Genèse 18 :19). Dieu travaillera avec nous de la même façon, pour développer le même respect de Ses lois et de Son autorité si nous répondons comme Abraham.

Des nombreux passages, dans l'Ecriture Sainte, décrivent la façon dont Dieu désire voir l'autorité exercée dans la société. Il Se préoccupe particulièrement de la famille, laquelle est l'élément de la structure fondamentale de toute société stable. Les attitudes envers l'autorité apprises à la maison imprègnent, en fin de compte, chaque organisation sociale. La Bible déclare que Dieu veut que les maris soient la tête de la famille, qu'ils aiment, guident et pourvoient aux besoins de leurs femmes et de leurs enfants, comme le Christ est la tête de l'Eglise. Un homme ne doit pas agir uniquement selon son propre désir, il doit agir sous l'autorité du Christ. Une femme mariée doit apprendre à agir sous l'autorité de son mari. Les enfants doivent être enseignés à respecter leurs parents et les personnes adultes. Les employés doivent être respectueux et soumis à leurs employeurs (chose parfois difficile !), et les employeurs doivent traiter leurs employés avec respect et bonté. Ces attitudes envers l'autorité ont été abordées dans Ephésiens 5 et 6, et dans 1 Pierre 2 et 3.

Les Ecritures donnent une image différente des diverses idées, selon lesquelles l'Eglise ne serait qu'un organisme spirituel sans structure définie. Il y a, à la fois, une organisation et une autorité dans l'Eglise que Jésus-Christ a fondée. Paul mentionne qu'il a laissé Tite en Crète, pour désigner des anciens et mettre les choses en ordre (Tite 1 :5). Nous avons parlé de différentes fonctions ou niveaux de responsabilités au sein de l'Eglise dans les paragraphes précédants: apôtres, prophètes, évangélistes, pasteurs, docteurs qui sont assignés à faire le travail dans le ministère (Ephésiens 4 :11-12). Ceux qui sont désignés à un poste de direction doivent user de leur autorité avec amour et douceur, mais aussi avec fermeté quand c'est nécessaire (2 Timothée 4 :1-2 ; 2 Pierre 5 :1-4). Ils ne doivent pas être coléreux ni obstinés ; ils doivent enseigner fidèlement ce qu'ils ont à enseigner (Tite 1 :6-9). Ceux qui s'acquittent clairement de leurs responsabilités sont dignes de respect et d'estime (1 Thessaloniciens 5 :12-13). C'est ainsi que Dieu veut voir fonctionner Sa famille. Si nous apprenons à agir en respectant les règles de l'autorité établies par Lui, il nous sera ensuite donné l'opportunité d'enseigner aux autres ces mêmes principes dans Son Royaume.

LE RÔLE DES PROPHETES

Les prophètes ont souvent rappelé à l'ordre les autorités, lorsqu'elles n'exécutaient pas la justice.

Samuel a repris le roi **Saül** en disant : «Pourquoi n'as-tu pas écouté la voix de l'Eternel ? Pourquoi t'es-tu jeté sur le butin, et as-tu fait ce qui est mal aux yeux de l'Eternel ?» (1 Samuel 15 : 19) ;

Nathan a repris le roi **David** en disant : *« Pourquoi donc as-tu méprisé la parole de l'Eternel, en faisant ce qui est mal à ses yeux ? Tu as frappé de l'épée Urie, le Héthien ; tu as pris sa femme pour en faire ta femme, et lui, tu l'as tué par l'épée des fils d'Ammon »* (2 Samuel 12 :9) ;

Elie a repris le roi**Achab** *« Tu lui diras : Ainsi parle l'Eternel : N'es-tu pas un assassin et un voleur ? Et tu lui diras : Ainsi parle l'Eternel : Au lieu même où les chiens ont léché le sang de Naboth, les chiens lécheront aussi ton propre sang »* (1 Rois 21 : 19).

Le prophète **Amos** s'est élevé contre les oppressions envers les pauvres *« Ainsi parle l'Eternel : A cause de trois crimes d'Israël, Même de quatre, je ne révoque pas mon arrêt, Parce qu'ils ont vendu le juste pour de l'argent, Et le pauvre pour une paire de souliers. Ils aspirent à voir la poussière de la terre sur la tête des misérables, Et* *ils violent le droit des malheureux. Le fils et le père vont vers la même fille, Afin de profaner mon saint nom »* (Amos 2 :6-7).

Aujourd'hui, des Pasteurs, des Prêtres, les responsables de droits de l'homme et de la société civile, des journalistes, des hommes politiques, etc. s'efforcent de jouer un rôle analogue, mais peu nombreux sont ceux qui restent intègres et uniquement préoccupés par la justice et non la politique. Arnold[11] dit que « *les moralistes modernes ont épousé une éthique humaniste et limitent leurs critiques au politiquement correct. Qui ose dénoncer simultanément les avortements, les adultères, les pratiques homosexuelles, l'industrie pornographique, les annonces publicitaires basées sur l'érotisme, la déforestation outrancière, la formation des cartels qui ne visent qu'à affaiblir la concurrence, la politique étrangère des nations fortes qui déstabilisent les gouvernements prêts à élargir leur commerce à d'autres nations* ».

En conclusion à cette partie, nous disons que Dieu juge les péchés de tous les hommes, mais Il est aussi celui qui pardonne les offenses sur la base de l'œuvre expiatoire de Jésus-Christ. Il faut constamment garder à l'esprit ces deux aspects du dessein de Dieu lorsqu'on se penche sur la question du respect de la vie humaine par les hommes.

---

[11] P. 173

CONCLUSION

La grande question est : Comment pouvons-nous développer une attitude juste envers l'autorité ? Comment pouvons-nous nous débarrasser des mauvaises attitudes acquises dans le monde ? La clef consiste à se laisser guider, controler, diriger par l'Esprit de Dieu, qui met à notre disposition la compréhension et le pouvoir. Nous devons réaliser que bon nombre de nos opinions et réactions envers l'autorité sont les produits de notre nature humaine, charnelle, laquelle a été modelée par les influences du monde de Satan, un monde plein de ressentiments pour suivre la voie de Dieu (Romains 8 :7). Lorsque nous arrivons à comprendre cela, nous devons nous en repentir et commencer à vaincre notre ressentiment et notre rébellion contre les instructions divines (Actes 2 : 36-38). Nous devons nous débarrasser de notre orgueil (de notre désir de suivre notre propre voie) en nous soumettant à Dieu et suivre Sa voie comme il est écrit dans les Ecritures. Nous devons résister aux incitations de Satan à nous rebeller contre la volonté de Dieu (Jacques 4 :7-8). C'est ce que signifie craindre Dieu et respecter l'autorité de Sa parole.

Le monde a été séduit en croyant que l'autorité est néfaste, que l'organisation est mauvaise, et que la soumission à l'autorité nous empêche d'être libres, d'être nous-mêmes, d'être heureux « *Alors le serpent dit à la femme : Vous ne mourrez point ; mais Dieu sait que, le jour où vous en mangerez, vos yeux s'ouvriront, et que vous serez comme des dieux, connaissant le bien et le mal. La femme vit que l'arbre était bon à manger et agréable à la vue, et qu'il était précieux pour ouvrir l'intelligence ; elle prit de son fruit, et en mangea ; elle en donna aussi à son mari, qui était auprès d'elle, et il en mangea »* (Genèse 3 :4-6).

La vérité est justement le contraire. L'autorité, lorsqu'elle est prudemment exercée, et correctement respectée, est une bénédiction. Se soumettre à Dieu, et apprendre à faire les choses à Sa façon, nous conduit finalement à la vraie liberté et au bonheur durable. Si nous pouvons apprendre cette leçon vitale, et developper une attitude d'obéissance à la parole de Dieu sur l'autorité, notre récompense sera de régner avec Jésus-Christ dans le Royaume de Dieu.

«… afin que vous mangiez et buviez à ma table dans mon royaume, et que vous soyez assis sur des trônes, pour juger les douze tribus d'Israël » (Luc 22:30).

« A celui qui vaincra, et qui gardera jusqu'à la fin mes œuvres, je donnerai autorité sur les nations » (Apocalypse 2:26).

C'est un but qui en vaut la peine !

BIBLIOGRAPHIE

Bible Louis Second

Nouveau Dictionnaire Biblique révisé et augmenté ; éditions emmaüs, 5ème édition, 2007, Suisse

Microsoft ® Encarta ® 2009. © 1993-2006 Microsoft Corporation. Tous droits réservés ;

La Confession de Foi d'Augsbourg de 1530. Références des Eglises Luthériennes/ article XVIII.

Arnold Daniel : *L'Ethique de Dieu ; édit. Emmaüs, 2010 ; Saint-Légier Suisse ;*

Craig S. Keener et Médine Moussounga Keener*: Réconciliation pour l'Afrique, édit. Publication pour la Jeunesse africaine ; 2009, Saint-Albin, France ;*

Mwambazambi, K.*, 2012, « The Church mission relative to socio-political issues in Francophone Africa », Verbum et Ecclesia 33(1), Art. #694, 6 pages.* http://dx.doi. org/10.4102/ve.v33i1.694

Joe M Kapolyo : L'Homme, Vision biblique et africaine ; édition Farel, 2007 ; Marne-la-Vallée Cedex 2, France

William MacDonald et Arthur Farstad, *2012, « Le Commentaire du disciple de toute la Bible », Société Biblique de Génève ; BP 151, CH.*

Alemazung, **J.A.,** 2011, 'Leadership flaws and fallibilities impacting democratization processes, governance and functional statehood in Africa', *African Journal of Political Science and International Relations* 5(1), 30–41.

Kalemba, M., 2011, 'The complexity of environmental protection in sub-Saharan Africa and the reduction of poverty', *Ethiopian Journal of Environmental Studies and Management* 4(1), 17–24.

Kalemba, M., 2012, 'Une réflexion missiologique sur le leadership chrétien en Africa', *Swedish Missiological Thems* 100(2), 195–209.

Kä Mana, K., 2005, *La mission de L'église africaine*, Cipro, Yaoundé.

Kiki, C.G., 2007, *Etre Chrétien en Afrique aujourd'hui*, Karthala-Clé, Paris.

More
Books!

info@omniscriptum.com
www.omniscriptum.com
OMNIScriptum

Printed by Books on Demand GmbH, Norderstedt / Germany